AF216514

Impressum
Verlag: BABADADA GmbH, Nedderfeld 112 , 22529 Hamburg
Geschäftsführer / Verlagsleitung: Harald Hof
Druck: Books on Demand GmbH, In de Tarpen 42, 22848 Norderstedt

Imprint
Publisher: BABADADA GmbH, Nedderfeld 112 , 22529 Hamburg, Germany
Managing Director / Publishing direction: Harald Hof
Print: Books on Demand GmbH, In de Tarpen 42, 22848 Norderstedt, Germany

# школа
# Schule

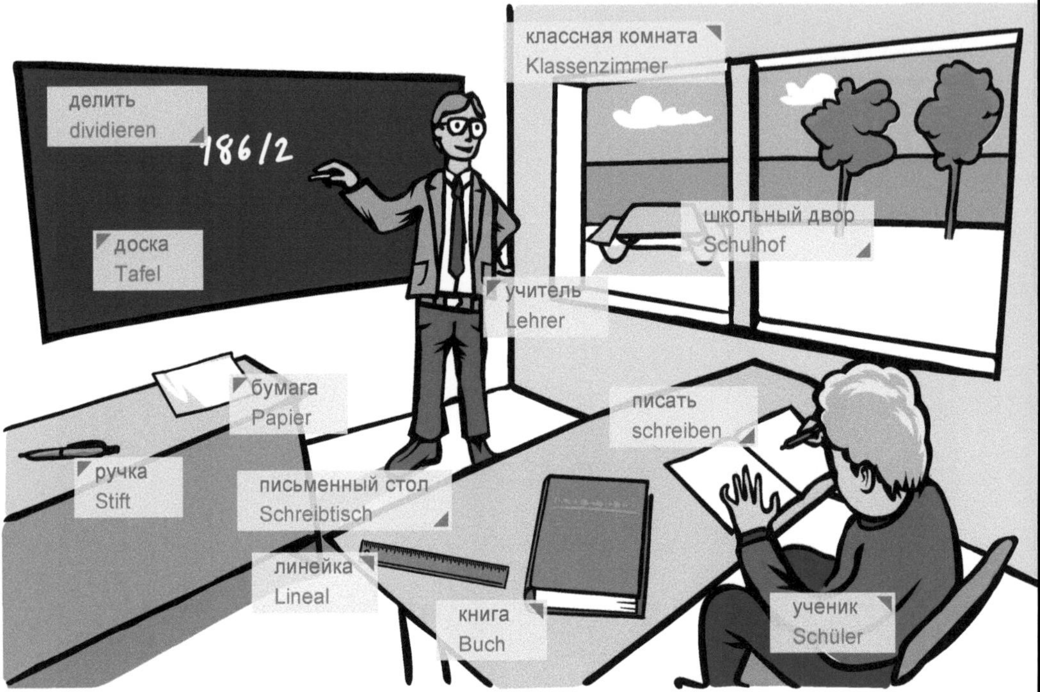
классная комната
Klassenzimmer
делить
dividieren
186/2
доска
Tafel
школьный двор
Schulhof
учитель
Lehrer
бумага
Papier
писать
schreiben
ручка
Stift
письменный стол
Schreibtisch
линейка
Lineal
книга
Buch
ученик
Schüler

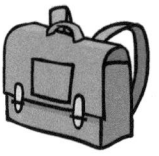

ранец

Schultasche

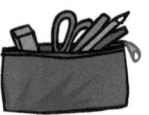

пенал

Federmappe

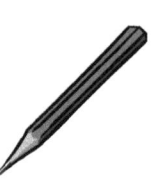

карандаш

Bleistift

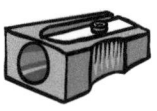

точилка

Bleistiftspitzer

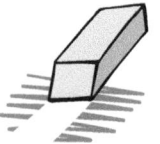

ластик

Radierer

альбом для рисования

Zeichenblock

рисунок

Zeichnung

кисточка

Pinsel

коробка красок

Malkasten

ножницы

Schere

клей

Klebstoff

тетрадь

Übungsheft

домашняя работа

Hausübung

**12**

цифра

Zahl

**2+2**

прибавлять

addieren

**5-2**

вычитать

subtrahieren

**2×2**

умножать

multiplizieren

считать

rechnen

**A**

буква

Buchstabe

**ABCDEFG HIJKLMN OPQRSTU VWXYZ**

алфавит

Alphabet

**hello**

слово

Wort

текст

Text

читать

lesen

мел

Kreide

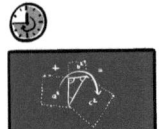

урок

Unterrichtsstunde

классный журнал

Klassenbuch

экзамен

Prüfung

диплом

Zeugnis

школьная форма

Schuluniform

образование

Ausbildung

энциклопедия

Lexikon

университет

Universität

микроскоп

Mikroskop

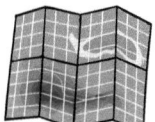

карта

Karte

корзина для бумаг

Papierkorb

школа - Schule

# путешествие
# Reise

Grand
гостиница
Hotel
турбаза
Herberge
ROOMS
EXCHANGE
пункт обмена валюты
Wechselstube
чемодан
Koffer
автомобиль
Auto

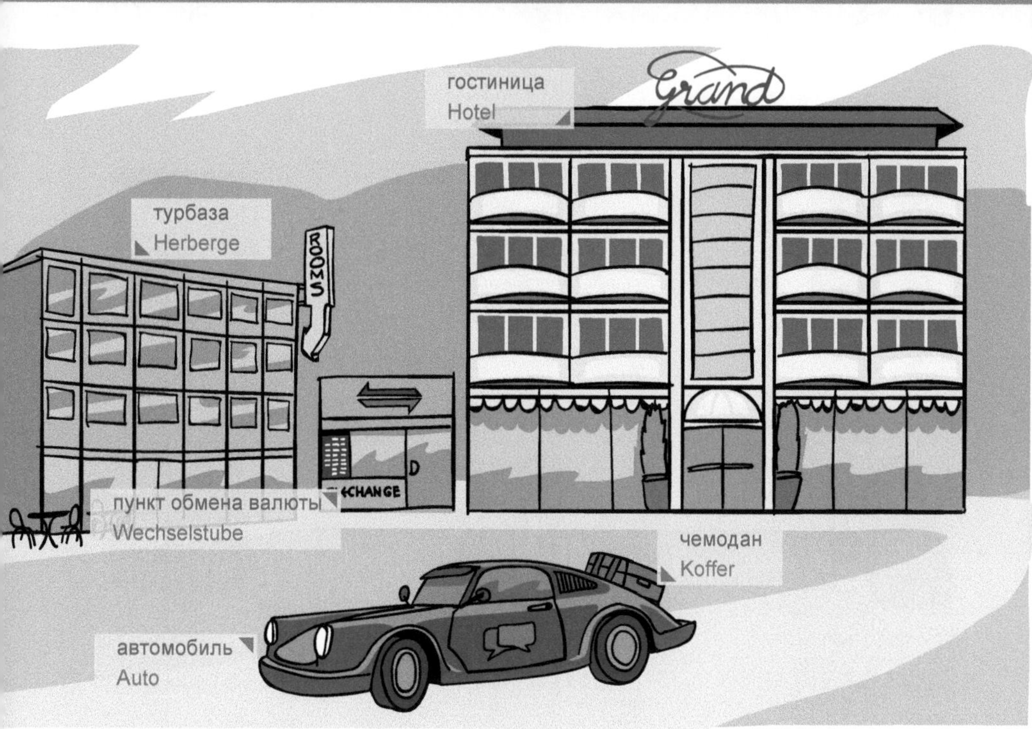

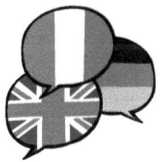

язык
Sprache

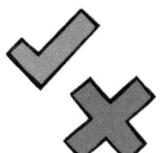

да / нет
ja / nein

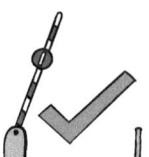

хорошо
Okay

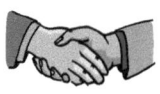

Привет
Hallo

переводчик
Dolmetscherin

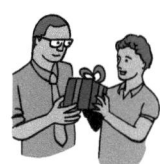

Спасибо
Danke

Сколько стоит…?

Wie viel kostet …?

Я не понимаю

Ich verstehe nicht.

проблема

Problem

Добрый вечер!

Guten Abend!

Доброе утро!

Guten Morgen!

Доброй ночи!

Gute Nacht!

До свидания

Auf Wiederschaun!

направление

Richtung

багаж

Gepäck

сумка

Tasche

рюкзак

Rucksack

гость

Gast

комната

Zimmer

спальный мешок

Schlafsack

палатка

Zelt

туристическая
информация
Touristeninformation

пляж

Strand

кредитная карточка

Kreditkarte

завтрак

Frühstück

обед

Mittagessen

ужин

Abendessen

билет

Fahrkarte

лифт

Lift

почтовая марка

Briefmarke

граница

Grenze

таможня

Zoll

посольство

Botschaft

виза

Visum

паспорт

Pass

# транспорт
# Transport

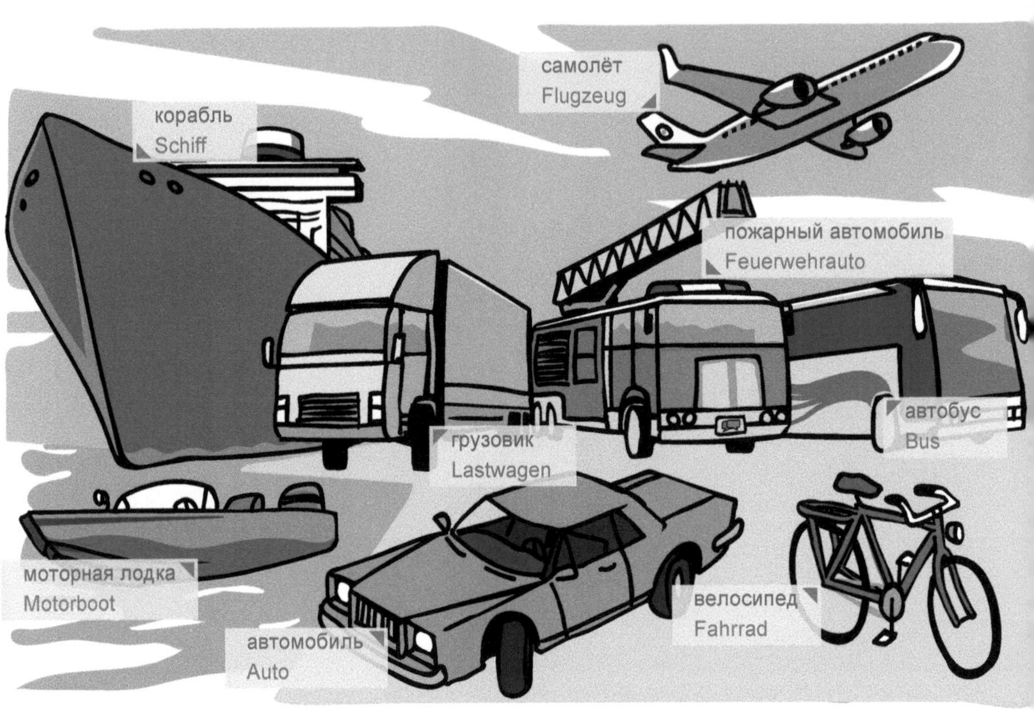

самолёт
Flugzeug
корабль
Schiff
пожарный автомобиль
Feuerwehrauto
автобус
Bus
грузовик
Lastwagen
моторная лодка
Motorboot
велосипед
Fahrrad
автомобиль
Auto


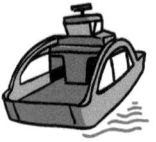

паром

Fähre

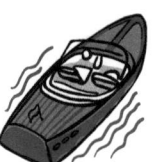

лодка

Boot

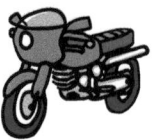

мотоцикл

Motorrad

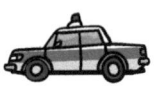

полицейский автомобиль

Polizeiauto

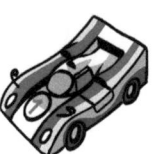

гоночный автомобиль

Rennauto

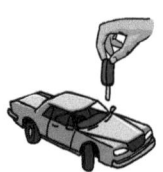

арендованный автомобиль

Mietwagen

совместное пользование
автомобилями
Carsharing

буксировочный
автомобиль
Abschleppwagen

мусоровоз
Müllwagen

двигатель
Motor

топливо
Kraftstoff

заправка
Tankstelle

дорожный знак
Verkehrsschild

движение
Verkehr

пробка
Stau

автостоянка
Parkplatz

вокзал
Bahnhof

рельсы
Schienen

поезд
Zug

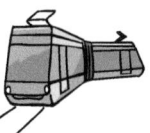

трамвай
Straßenbahn

вагон
Wagon

вертолёт

Hubschrauber

аэропорт

Flughafen

вышка

Tower

пассажир

Passagier

контейнер

Container

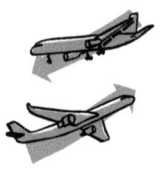

коробка

Karton

тележка

Rollwagen

корзина

Korb

взлетать / приземляться

starten / landen

## город

## Stadt

деревня

Dorf

центр города

Stadtzentrum

дом

Haus

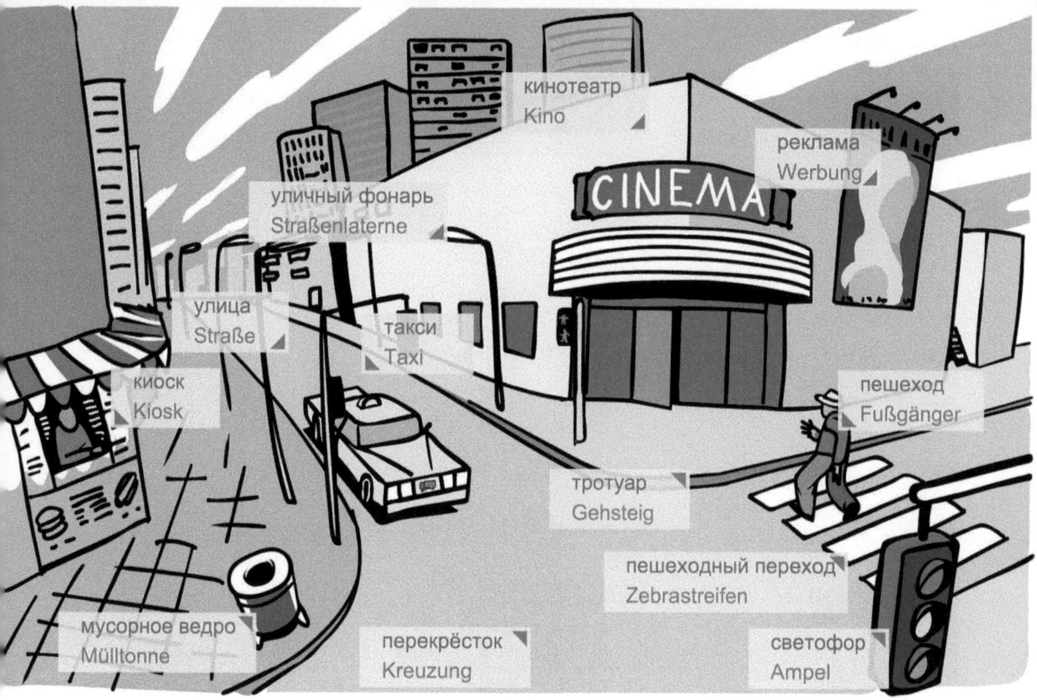

кинотеатр
Kino

реклама
Werbung

уличный фонарь
Straßenlaterne

CINEMA

улица
Straße

такси
Taxi

киоск
Kiosk

пешеход
Fußgänger

тротуар
Gehsteig

пешеходный переход
Zebrastreifen

мусорное ведро
Mülltonne

перекрёсток
Kreuzung

светофор
Ampel

хижина

Hütte

квартира

Wohnung

вокзал

Bahnhof

ратуша

Rathaus

музей

Museum

школа

Schule

университет

Universität

банк

Bank

больница

Spital

гостиница

Hotel

аптека

Apotheke

офис

Büro

книжный магазин

Buchhandlung

магазин

Geschäft

цветочный магазин

Blumenladen

супермаркет

Supermarkt

рынок

Markt

универмаг

Kaufhaus

торговец рыбой

Fischhändler

торговый центр

Einkaufszentrum

порт

Hafen

парк

Park

скамейка

Bank

мост

Brücke

лестница

Stiege

метро

U-Bahn

тоннель

Tunnel

автобусная остановка

Bushaltestelle

бар

Bar

ресторан

Restaurant

почтовый ящик

Briefkasten

табличка с названием улицы

Straßenschild

паркометр

Parkuhr

зоопарк

Zoo

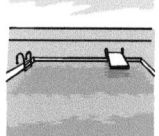

бассейн

Badeanstalt

мечеть

Moschee

ферма
Bauernhof

загрязнение окружающей среды

Umweltverschmutzung

кладбище
Friedhof

церковь
Kirche

детская площадка
Spielplatz

храм
Tempel

## ландшафт

## Landschaft

лист
Blatt

дорожный указатель
Wegweiser

дорога
Weg

луг
Wiese

камень
Stein

путешественник
Wanderer

дерево
Baum

река
Fluss

трава
Gras

цветок
Blume

долина

Tal

гора

Hügel

озеро

See

лес

Wald

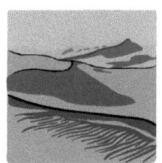

пустыня

Wüste

вулкан

Vulkan

замок

Schloss

радуга

Regenbogen

гриб

Pilz

пальма

Palme

комар

Moskito

муха

Fliege

муравей

Ameise

пчела

Biene

паук

Spinne

жук

Käfer

лягушка

Frosch

белка

Eichhörnchen

еж

Igel

заяц

Hase

сова

Eule

птица

Vogel

лебедь

Schwan

кабан

Wildschwein

олень

Hirsch

лось

Elch

плотина

Staudamm

ветряной генератор

Windrad

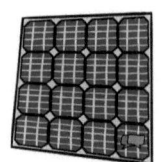

солнечная батарея

Solarmodul

климат

Klima

# ресторан
# Restaurant

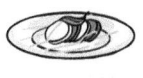

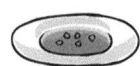

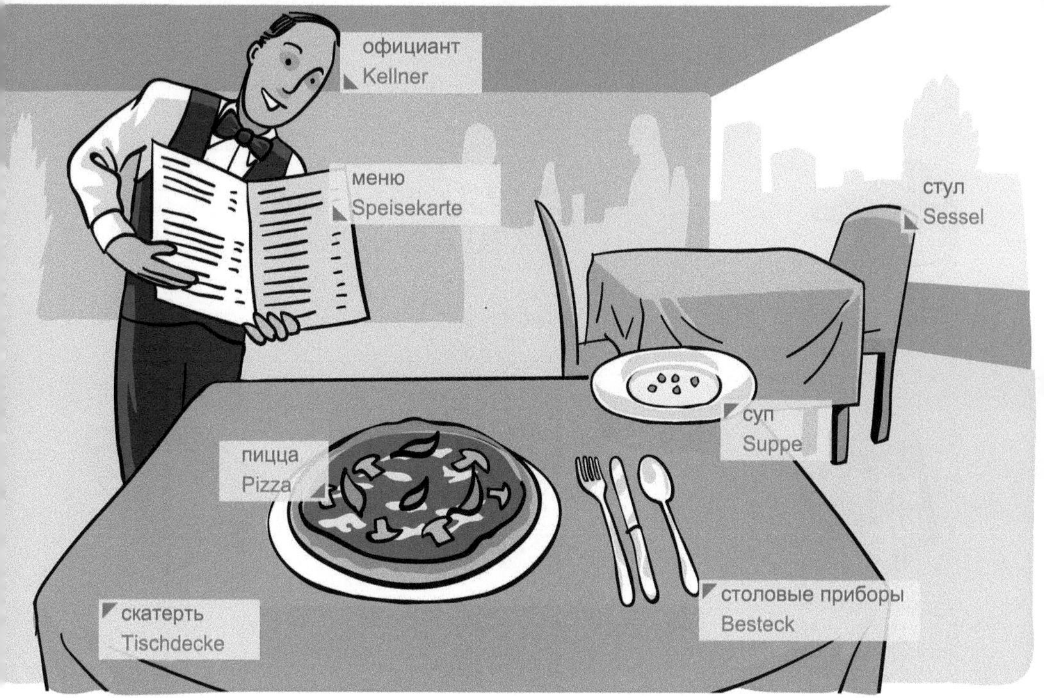
официант
Kellner
меню
Speisekarte
стул
Sessel
суп
Suppe
пицца
Pizza
столовые приборы
Besteck
скатерть
Tischdecke

закуска
Vorspeise

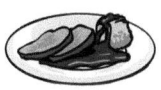

главное блюдо
Hauptgericht

десерт
Nachspeise

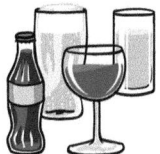

напитки
Getränke

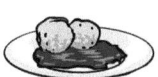

еда
Essen

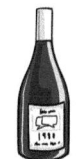

бутылка
Flasche

фастфуд

Fastfood

уличная еда

Streetfood

чайник

Teekanne

сахарница

Zuckerdose

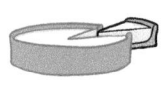

порция

Portion

кофеварка

Espressomaschine

детский стульчик

Kinderstuhl

счет

Rechnung

поднос

Tablett

нож

Messer

вилка

Gabel

ложка

Löffel

чайная ложка

Teelöffel

салфетка

Serviette

стакан

Glas

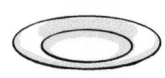

тарелка

Teller

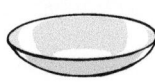

суповая тарелка

Suppenteller

блюдце

Untertasse

соус

Sauce

солонка

Salzstreuer

мельница для перца

Pfeffermühle

уксус

Essig

масло

Öl

специи

Gewürze

кетчуп

Ketchup

горчица

Senf

майонез

Mayonnaise

# супермаркет
# Supermarkt

специальное предложение
Angebot
FOR
покупатель
Kunde
молочные продукты
Milchprodukte
фрукты
Obst
тележка для покупок
Einkaufswagen

BUTCHERS

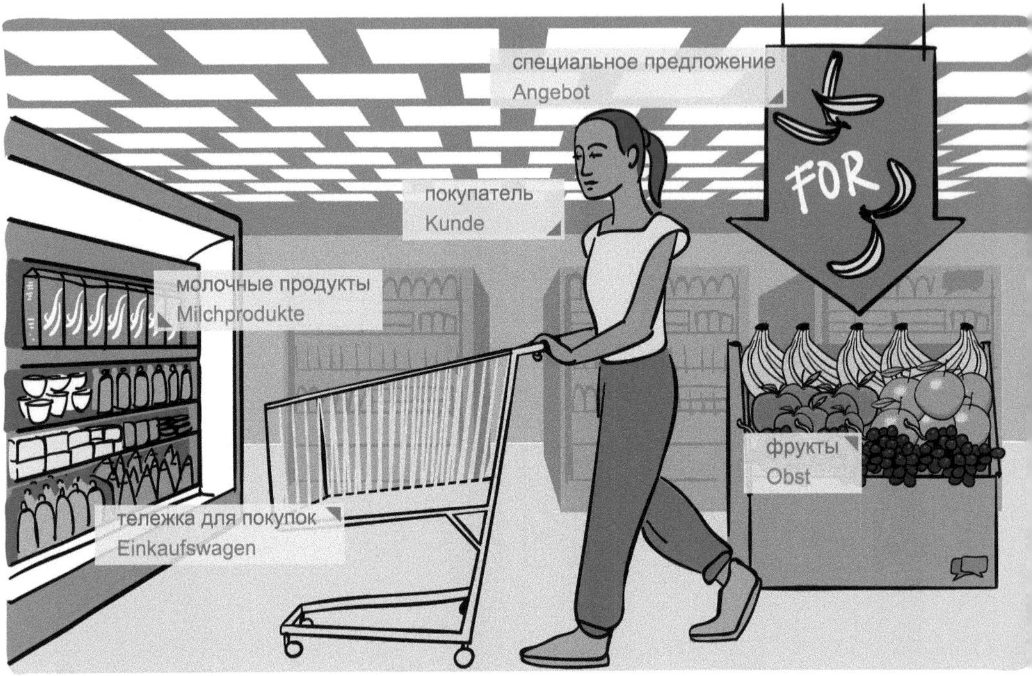

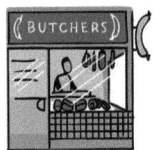

мясной магазин
Schlachterei

BAKERY

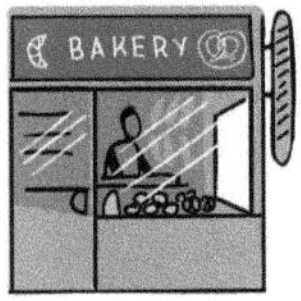

пекарня
Bäckerei

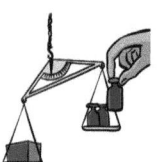

взвешивать
wiegen

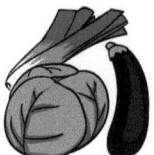

овощи
Gemüse

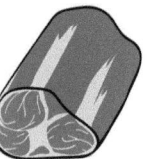

мясо
Fleisch

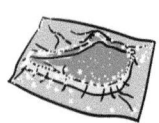

быстрозамороженные продукты
Tiefkühlkost

нарезка

Aufschnitt

консервы

Konserven

стиральный порошок

Waschmittel

сладости

Süßigkeiten

предмет домашнего обихода

Haushaltsartikel

моющее средство

Reinigungsmittel

продавщица

Verkäuferin

касса

Kassa

кассир

Kassiererin

список покупок

Einkaufsliste

время работы

Öffnungszeiten

бумажник

Brieftasche

кредитная карточка

Kreditkarte

сумка

Tasche

полиэтиленовый пакет

Plastiktüte

вода

Wasser

сок

Saft

молоко

Milch

кока-кола

Cola

вино

Wein

пиво

Bier

алкоголь

Alkohol

какао

Kakao

чай

Tee

кофе

Kaffee

эспрессо

Espresso

капучино

Cappuccino

банан

Banane

яблоко

Apfel

апельсин

Orange

арбуз

Melone

лимон

Zitrone

морковь

Karotte

чеснок

Knoblauch

бамбук

Bambus

лук

Zwiebel

гриб

Pilz

орехи

Nüsse

лапша

Nudeln

спагетти
Spaghetti

рис
Reis

салат
Salat

картофель фри
Pommes frites

жареный картофель
Bratkartoffeln

пицца
Pizza

гамбургер
Hamburger

сэндвич
Sandwich

шницель
Schnitzel

ветчина
Schinken

салями
Salami

колбаса
Wurst

курица
Huhn

жаркое
Braten

рыба
Fisch

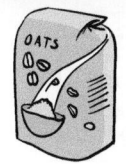

овсяные хлопья

Haferflocken

мюсли

Müsli

кукурузные хлопья

Cornflakes

мука

Mehl

круассан

Croissant

булочка

Semmel

хлеб

Brot

тост

Toast

печенье

Kekse

масло

Butter

творог

Topfen

пирог

Kuchen

яйцо

Ei

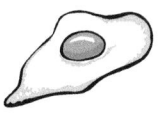

яичница

Spiegelei

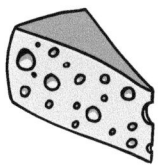

сыр

Käse

мороженое

Eiscreme

сахар

Zucker

мёд

Honig

мармелад

Marmelade

крем с нугой

Schokoladenaufstrich

карри

Curry

# ферма

## Bauernhof

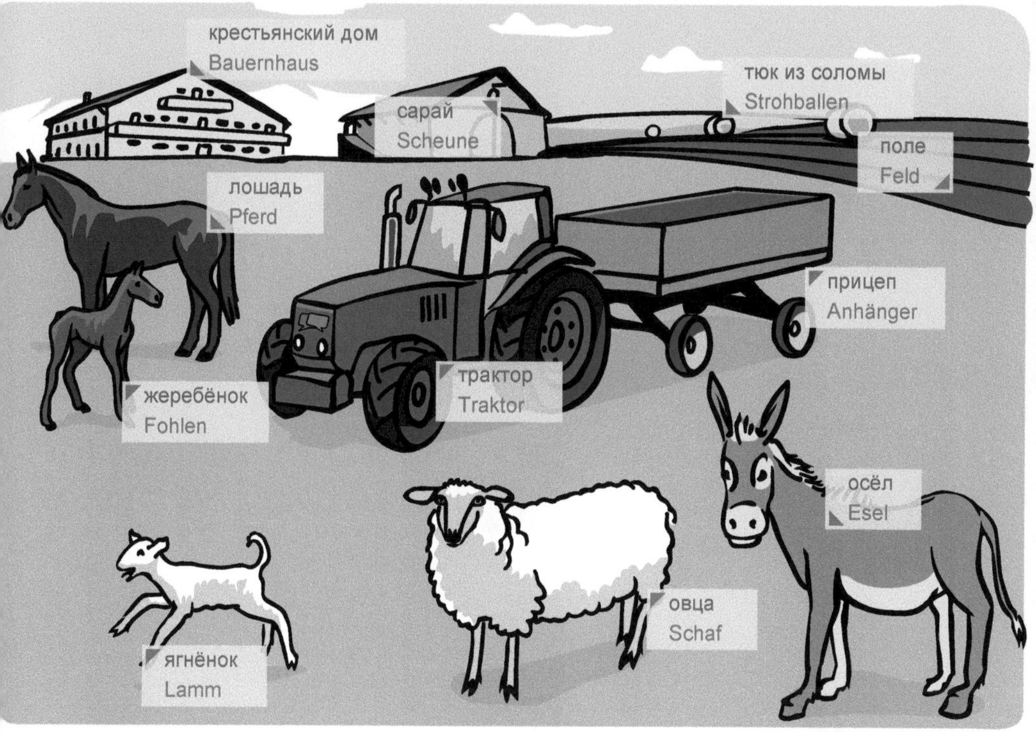
крестьянский дом
Bauernhaus
тюк из соломы
Strohballen
сарай
Scheune
поле
Feld
лошадь
Pferd
прицеп
Anhänger
трактор
Traktor
жеребёнок
Fohlen
осёл
Esel
овца
Schaf
ягнёнок
Lamm

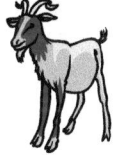

коза

Ziege

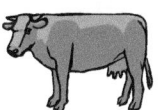

корова

Kuh

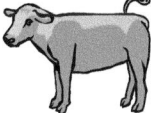

телёнок

Kalb

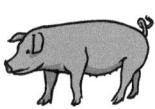

свинья

Schwein

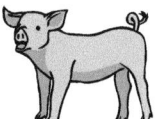

поросёнок

Ferkel

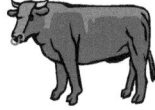

бык

Stier

гусь

Gans

утка

Ente

цыплёнок

Küken

курица

Huhn

петух

Hahn

крыса

Ratte

кошка

Katze

мышь

Maus

вол

Ochse

собака

Hund

конура

Hundehütte

садовый шланг

Gartenschlauch

лейка

Gießkanne

коса

Sense

плуг

Pflug

серп

Sichel

мотыга

Hacke

навозные вилы

Mistgabel

топор

Axt

тачка

Schubkarre

корыто

Trog

бидон для молока

Milchkanne

мешок

Sack

забор

Zaun

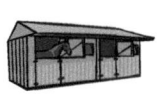

хлев

Stall

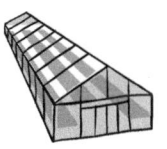

теплица

Treibhaus

почва

Boden

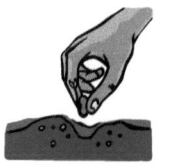

посев

Saat

удобрение

Dünger

комбайн

Mähdrescher

ферма - Bauernhof

собирать урожай

ernten

урожай

Ernte

ямс

Yamswurzel

пшеница

Weizen

соя

Soja

картофель

Erdapfel

кукуруза

Mais

рапс

Raps

фруктовое дерево

Obstbaum

маниок

Maniok

злаки

Getreide

# дом
# Haus

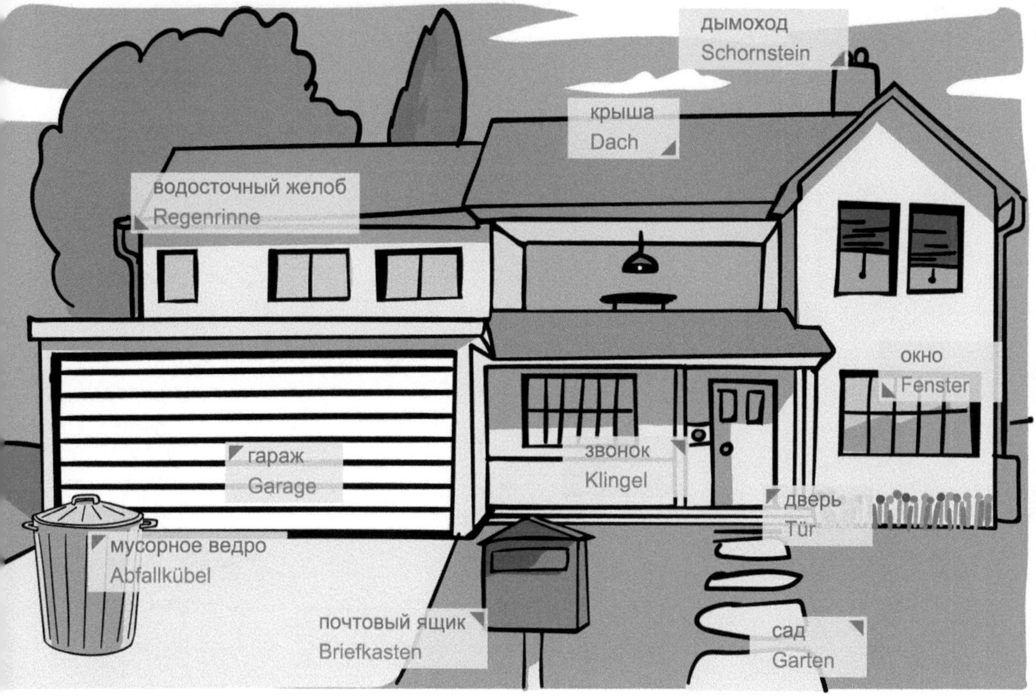
дымоход
Schornstein
крыша
Dach
водосточный желоб
Regenrinne
окно
Fenster
гараж
Garage
звонок
Klingel
дверь
Tür
мусорное ведро
Abfallkübel
почтовый ящик
Briefkasten
сад
Garten

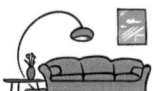

гостиная

Wohnzimmer

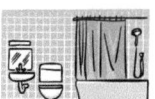

ванная комната

Badezimmer

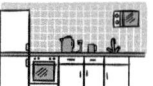

кухня

Küche

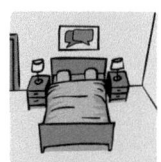

спальня

Schlafzimmer

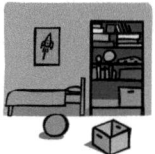

детская комната

Kinderzimmer

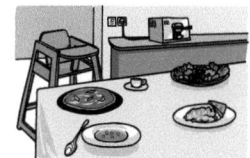

столовая

Esszimmer

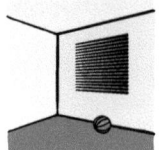

пол

Boden

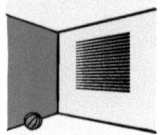

стена

Wand

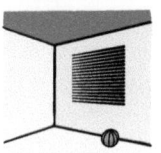

потолок

Decke

подвал

Keller

сауна

Sauna

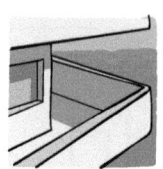

балкон

Balkon

терраса

Terrasse

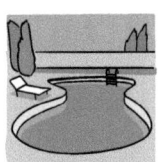

бассейн

Schwimmbad

газонокосилка

Rasenmäher

пододеяльник

Bettbezug

покрывало

Bettdecke

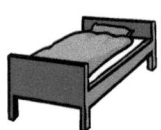

кровать

Bett

метла

Besen

ведро

Kübel

выключатель

Schalter

# гостиная
# Wohnzimmer

обои
Tapete
рисунок
Bild
лампа
Lampe
полка
Regal
шкаф
Schrank
телевизор
Fernseher
камин
Kamin
цветок
Blume
подушка
Polster
диван
Sofa
ваза
Vase
пульт дистанционного управления
Fernbedienung

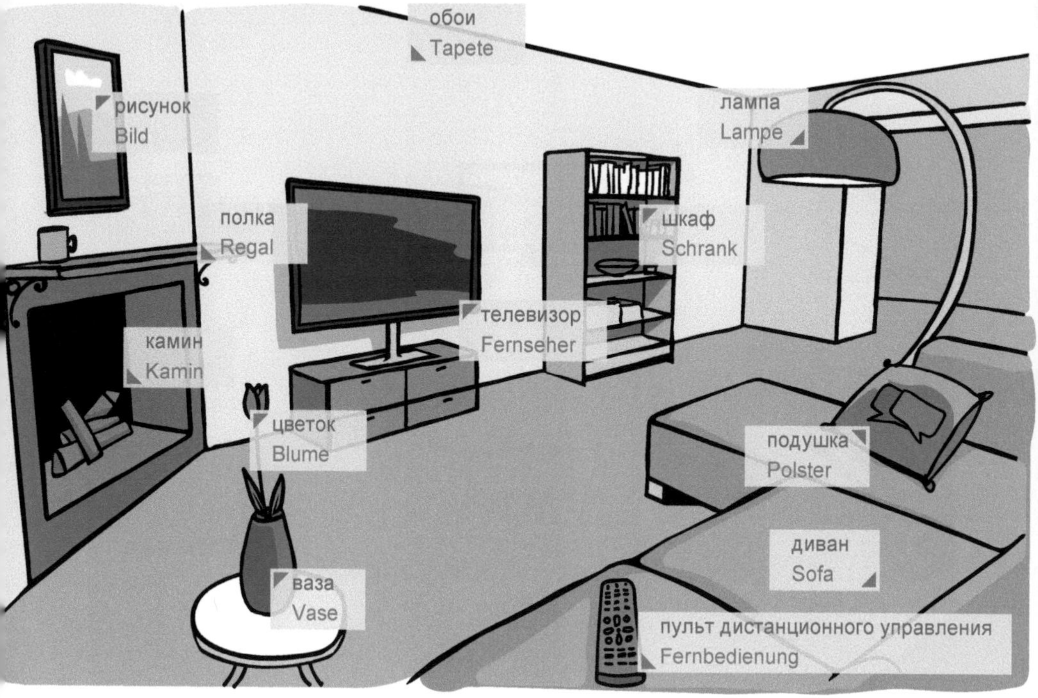

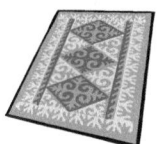

ковёр
Teppich

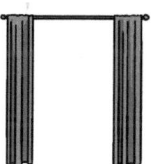

штора
Vorhang

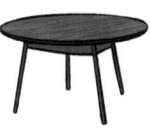

стол
Tisch

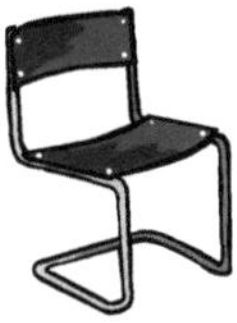

стул
Sessel

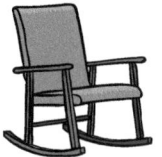

кресло-качалка
Schaukelstuhl

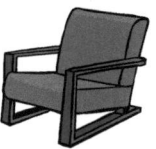

кресло
Sessel

книга
Buch

покрывало
Decke

украшение
Dekoration

дрова
Feuerholz

фильм
Film

стереосистема
Stereoanlage

ключ
Schlüssel

газета
Zeitung

картина
Gemälde

плакат
Poster

радио
Radio

блокнот
Notizblock

пылесос
Staubsauger

кактус
Kaktus

свеча
Kerze

# кухня
# Küche

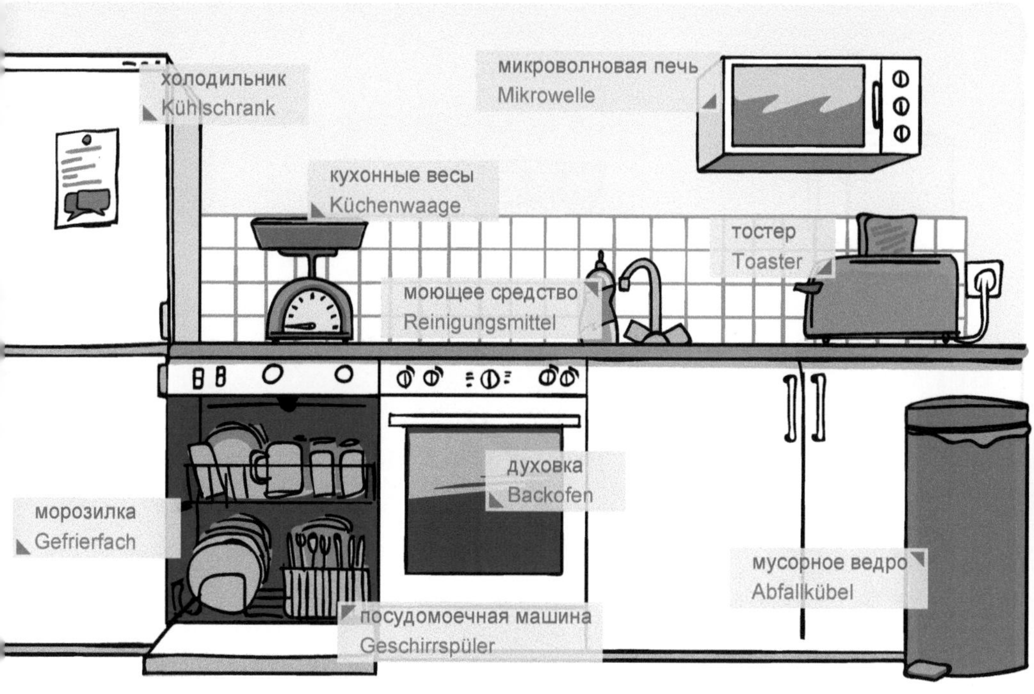
холодильник
Kühlschrank
микроволновая печь
Mikrowelle
кухонные весы
Küchenwaage
тостер
Toaster
моющее средство
Reinigungsmittel
духовка
Backofen
морозилка
Gefrierfach
мусорное ведро
Abfallkübel
посудомоечная машина
Geschirrspüler

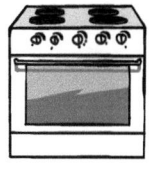

плита
Herd

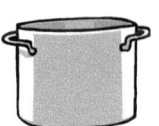

кастрюля
Topf

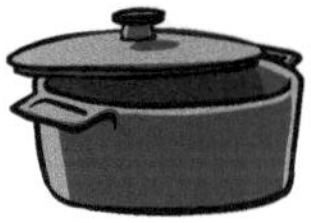

чугунный котелок
Eisentopf

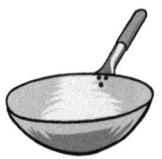

вок / кадай
Wok / Kadai

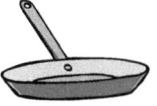

сковорода
Pfanne

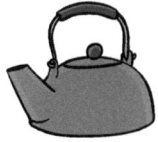

чайник
Wasserkocher

пароварка

Dampfgarer

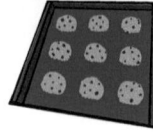

противень

Backblech

посуда

Geschirr

кружка

Becher

миска

Schale

палочки для еды

Essstäbchen

половник

Schöpflöffel

лопатка

Pfannenwender

сбивалка

Schneebesen

сито

Kochsieb

сито

Sieb

тёрка

Reibe

ступка

Mörser

гриль

Grill

костёр

Kaminfeuer

доска

Schneidebrett

скалка

Nudelholz

штопор

Korkenzieher

жестяная банка

Dose

консервный нож

Dosenöffner

прихватка

Topflappen

раковина

Waschbecken

щетка

Bürste

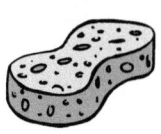

губка

Schwamm

миксер

Mixer

морозильная камера

Gefriertruhe

бутылочка для кормления

Babyflasche

кран

Wasserhahn

кухня - Küche

# ванная комната
# Badezimmer

отопление
Heizung
душ
Dusche
полотенце
Handtuch
душевая занавеска
Duschvorhang
пенистая ванна
Schaumbad
ванна
Badewanne
стакан
Glas
стиральная машина
Waschmaschine
кран
Wasserhahn
плитка
Fliesen
горшок
Nachttopf
раковина
Waschbecken

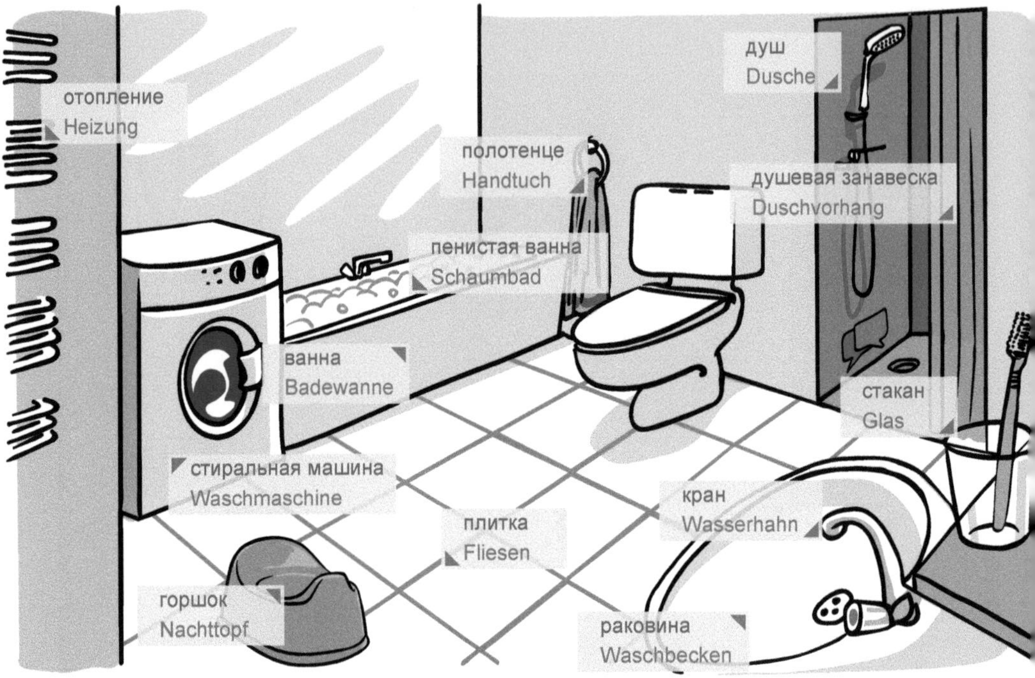

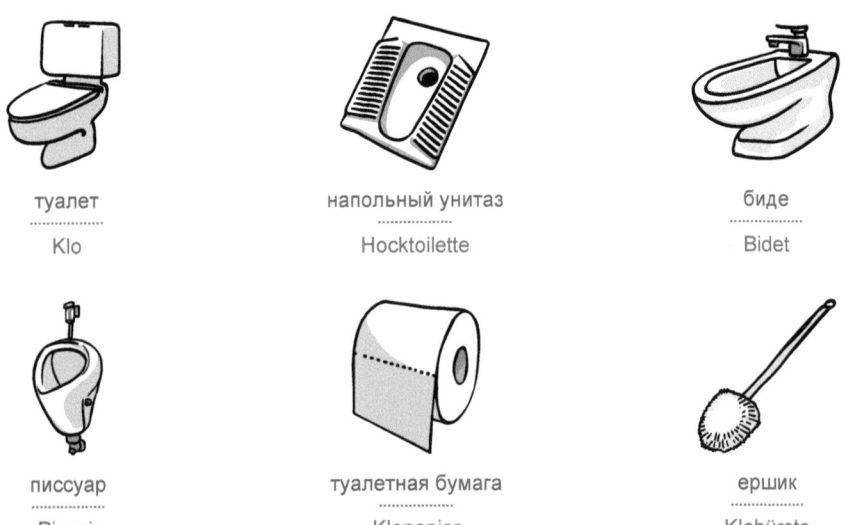

туалет

Klo

напольный унитаз

Hocktoilette

биде

Bidet

писсуар

Pissoir

туалетная бумага

Klopapier

ершик

Klobürste

зубная щетка

Zahnbürste

зубная паста

Zahnpasta

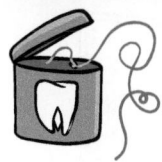

зубная нить

Zahnseide

мыть

waschen

ручной душ

Handbrause

интимный душ

Intimdusche

таз

Waschschüssel

щетка для спины

Rückenbürste

мыло

Seife

гель для душа

Duschgel

шампунь

Shampoo

мочалка

Waschlappen

сток

Abfluss

крем

Creme

дезодорант

Deodorant

зеркало

Spiegel

ручное зеркало

Kosmetikspiegel

бритва

Rasierer

пена для бритья

Rasierschaum

лосьон после бритья

Rasierwasser

расческа

Kamm

щетка

Bürste

фен

Föhn

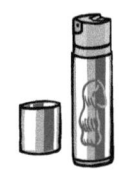

лак для волос

Haarspray

косметика

Makeup

губная помада

Lippenstift

лак для ногтей

Nagellack

вата

Watte

маникюрные ножницы

Nagelschere

духи

Parfum

косметичка

Kulturbeutel

табуретка

Hocker

весы

Waage

халат

Bademantel

резиновые перчатки

Gummihandschuhe

тампон

Tampon

гигиеническая прокладка

Damenbinde

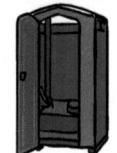

биотуалет

Chemietoilette

# детская комната
## Kinderzimmer

будильник
Wecker
мягкая игрушка
Kuscheltier
игрушечный автомобиль
Spielzeugauto
погремушка
Rassel
кукольный домик
Puppenhaus
подарок
Geschenk

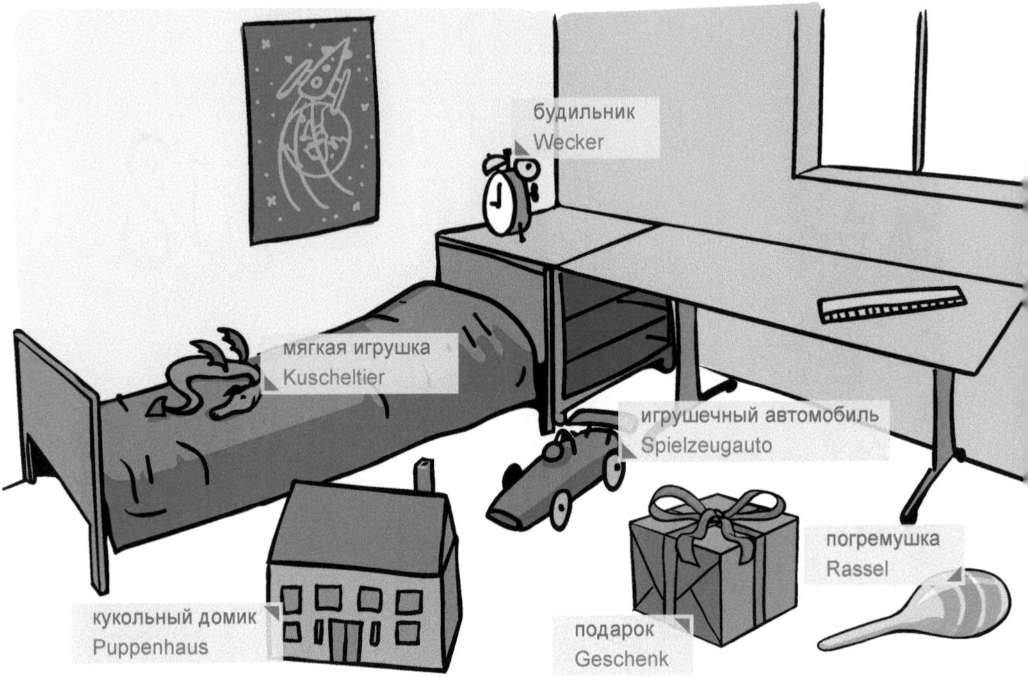

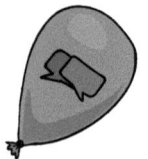

воздушный шар

Ballon

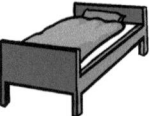

кровать

Bett

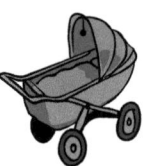

детская коляска

Kinderwagen

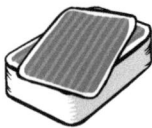

карточная игра

Kartenspiel

пазл

Puzzle

SUPER
MEGA

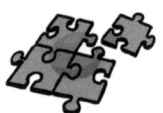

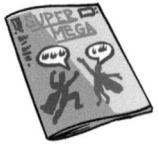

комикс

Comic

кирпичики Лего

Legosteine

кубики

Bausteine

игрушечная фигурка

Actionfigur

ползунки

Strampelanzug

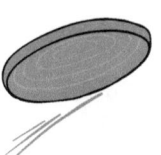

фрисби

Frisbee

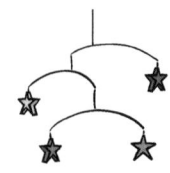

мобиле

Mobile

настольная игра

Brettspiel

кубик

Würfel

модель железной дороги

Modelleisenbahn

соска

Schnuller

вечеринка

Party

книга с картинками

Bilderbuch

мяч

Ball

кукла

Puppe

играть

spielen

песочница

Sandkasten

качели

Schaukel

игрушка

Spielzeug

игровая приставка

Spielkonsole

трёхколесный велосипед

Dreirad

плюшевый медвежонок

Teddy

шкаф для одежды

Kleiderschrank

## одежда

## Kleidung

носки

Socken

чулки

Strümpfe

колготки

Strumpfhose

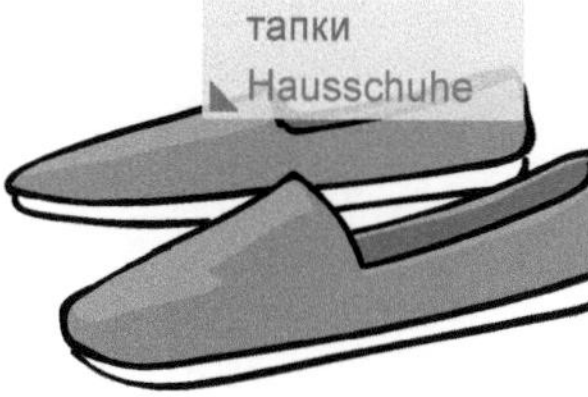

шарф
Schal

зонтик
Regenschirm

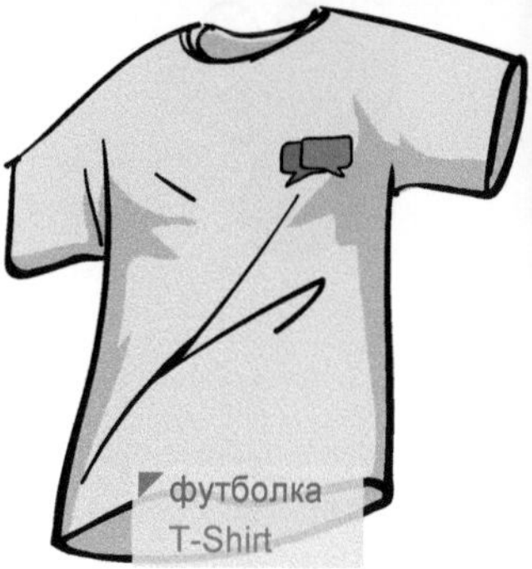

ремень
Gürtel

футболка
T-Shirt

кроссовки
Turnschuhe

сапоги
Stiefel

тапки
Hausschuhe

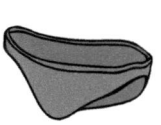

сандалии
Sandalen

ботинки
Schuhe

резиновые сапоги
Gummistiefel

трусы
Unterhose

бюстгальтер
Büstenhalter

майка
Unterhemd

одежда - Kleidung

боди

Body

брюки

Hose

джинсы

Jeans

юбка

Rock

блузка

Bluse

рубашка

Hemd

свитер

Pullover

свитер

Kapuzenpullover

спортивная куртка

Blazer

жакет

Jacke

пальто

Mantel

плащ

Regenmantel

костюм

Kostüm

платье

Kleid

свадебное платье

Hochzeitskleid

мужской костюм

Anzug

ночная сорочка

Nachthemd

пижама

Pyjama

сари

Sari

платок

Kopftuch

тюрбан

Turban

паранджа

Burka

кафтан

Kaftan

абайя

Abaya

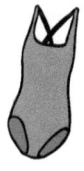

купальник

Badeanzug

плавки

Badehose

шорты

kurze Hose

спортивный костюм

Jogginganzug

фартук

Schürze

перчатки

Handschuhe

пуговица

Knopf

очки

Brille

браслет

Armband

цепочка

Halskette

кольцо

Ring

серьга

Ohrring

шапка

Mütze

вешалка

Kleiderbügel

шляпа

Hut

галстук

Krawatte

застежка молния

Reißverschluss

шлем

Helm

подтяжки

Hosenträger

школьная форма

Schuluniform

форма

Uniform

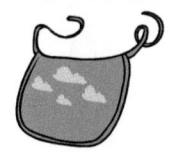

детский нагрудник

Lätzchen

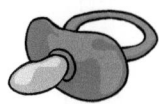

соска

Schnuller

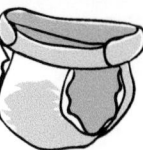

подгузник

Windel

# офис

## Büro

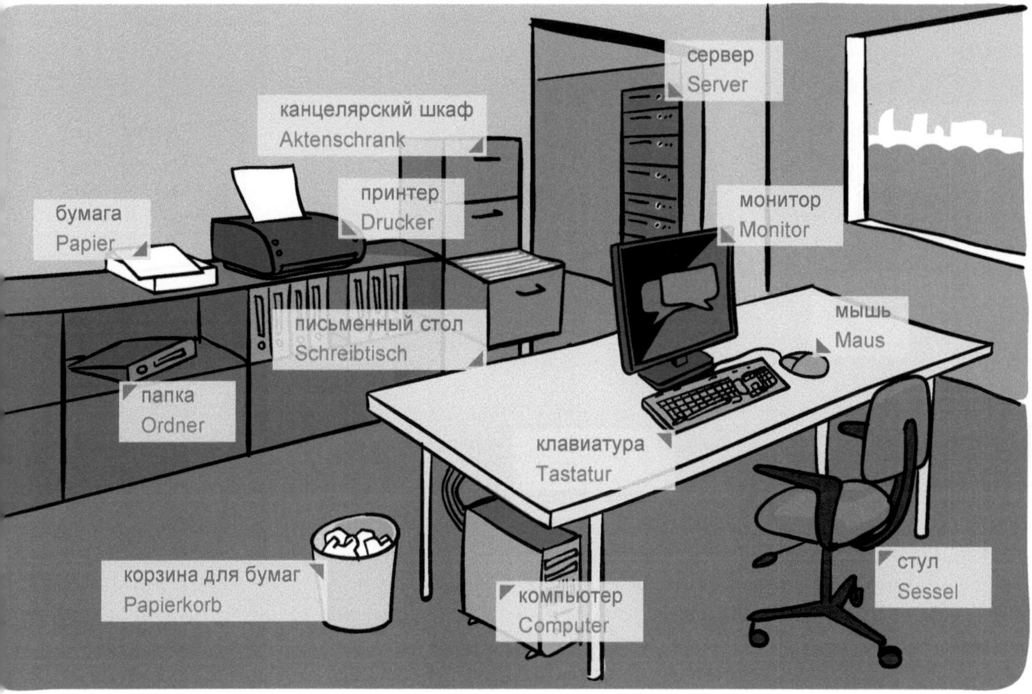
сервер
Server
канцелярский шкаф
Aktenschrank
принтер
Drucker
бумага
Papier
монитор
Monitor
мышь
Maus
письменный стол
Schreibtisch
папка
Ordner
клавиатура
Tastatur
корзина для бумаг
Papierkorb
компьютер
Computer
стул
Sessel

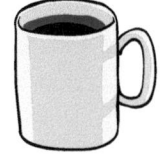

кофейная кружка

Kaffeebecher

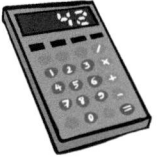

калькулятор

Taschenrechner

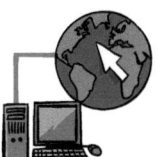

интернет

Internet

ноутбук

Laptop

письмо

Brief

сообщение

Nachricht

мобильный телефон

Handy

сеть

Netzwerk

ксерокс

Kopierer

программа

Software

телефон

Telefon

розетка

Steckdose

факс

Fax

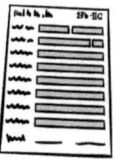

формуляр

Formular

документ

Dokument

покупать

kaufen

платить

bezahlen

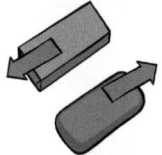

торговать

handeln

деньги

Geld

доллар

Dollar

евро

Euro

иена

Yen

рубль

Rubel

франк

Franken

жэньминьби юань

Renminbi Yuan

рупия

Rupie

банкомат

Bankomat

пункт обмена валюты

Wechselstube

золото

Gold

серебро

Silber

нефть

Öl

энергия

Energie

цена

Preis

договор

Vertrag

налог

Steuer

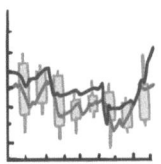

акция

Aktie

работать

arbeiten

служащий

Angestellte

работодатель

Arbeitgeber

фабрика

Fabrik

магазин

Geschäft

милиционер
Polizist

пожарный
Feuerwehrmann

повар
Koch

врач
Ärztin

пилот
Pilot

садовник

Gärtner

столяр

Tischler

швея

Schneiderin

судья

Richter

химик

Chemikerin

актёр

Schauspieler

водитель автобуса

Busfahrer

таксист

Taxifahrer

рыбак

Fischer

уборщица

Putzfrau

кровельщик

Dachdecker

официант

Kellner

охотник

Jäger

художник

Maler

пекарь

Bäcker

электрик

Elektriker

строитель

Bauarbeiter

инженер

Ingenieur

мясник

Schlachter

сантехник

Installateur

почтальон

Briefträgerin

солдат

Soldat

архитектор

Architekt

кассир

Kassiererin

флорист

Blumenhändlerin

парикмахер

Friseur

кондуктор

Schaffner

механик

Mechaniker

капитан

Kapitän

зубной врач

Zahnärztin

ученый

Wissenschaftler

раввин

Rabbi

имам

Imam

монах

Mönch

священник

Pfarrer

# инструменты
# Werkzeuge

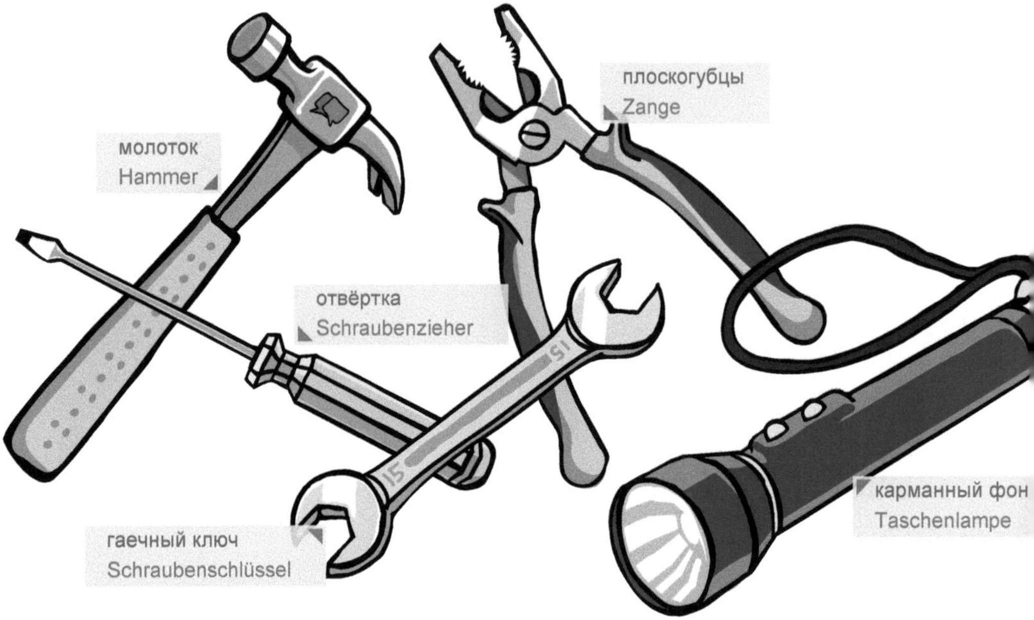
плоскогубцы
Zange
молоток
Hammer
отвёртка
Schraubenzieher
карманный фон
Taschenlampe
гаечный ключ
Schraubenschlüssel

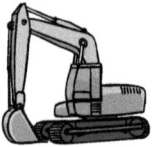

экскаватор

Bagger

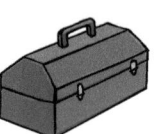

ящик для инструментов

Werkzeugkasten

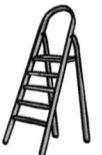

стремянка

Leiter

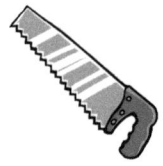

пила

Säge

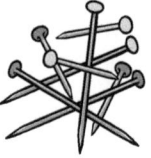

гвозди

Nägel

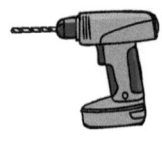

дрель

Bohrer

ремонтировать

reparieren

лопата

Schaufel

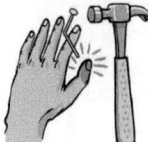

Блин!

Scheiße!

совок

Kehrschaufel

ведро с краской

Farbtopf

винты

Schrauben

# музыкальные инструменты
## Musikinstrumente

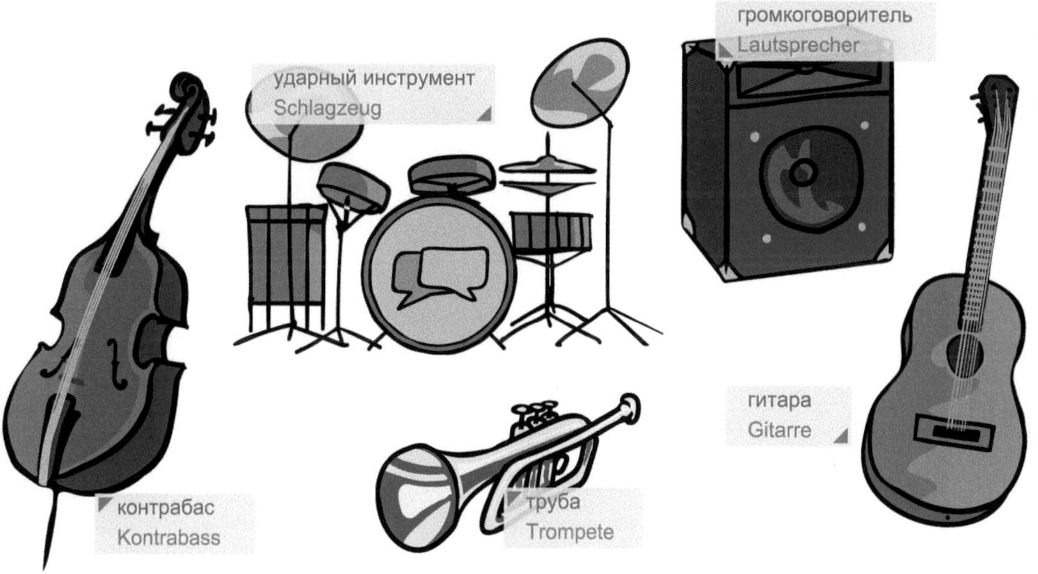

громкоговоритель
Lautsprecher

ударный инструмент
Schlagzeug

гитара
Gitarre

контрабас
Kontrabass

труба
Trompete

пианино

Klavier

скрипка

Violine

бас-гитара

Bass

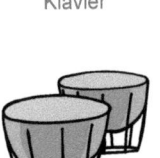

литавры

Pauke

барабан

Trommeln

синтезатор

Tastatur

саксофон

Saxophon

флейта

Flöte

микрофон

Mikrofon

музыкальные инструменты - Musikinstrumente

# зоопарк

# Zoo

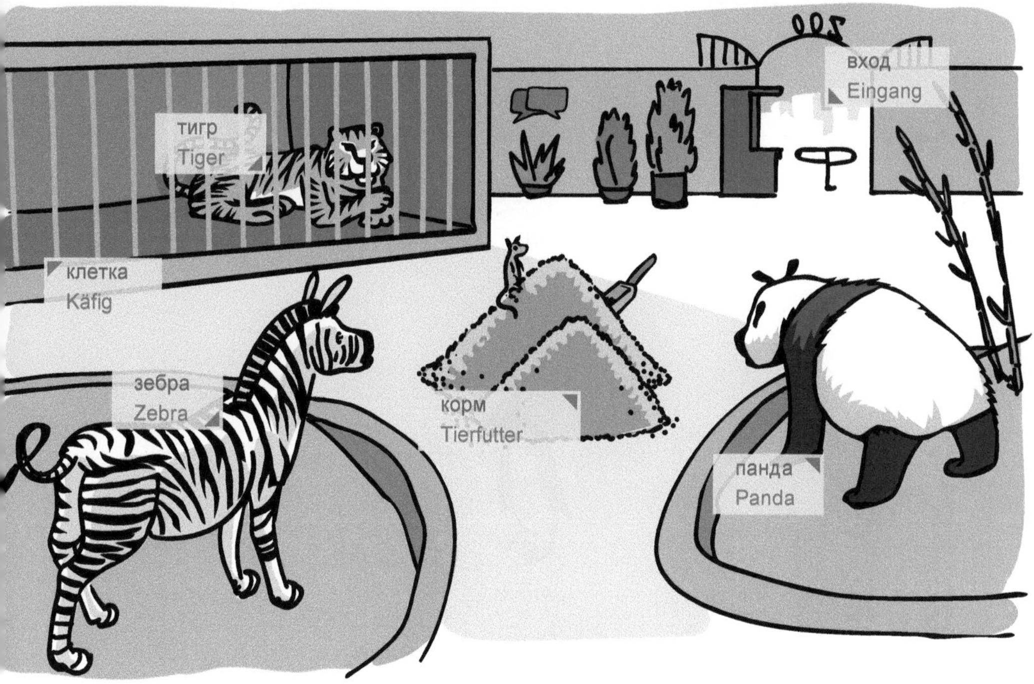

тигр
Tiger
вход
Eingang
клетка
Käfig
зебра
Zebra
корм
Tierfutter
панда
Panda


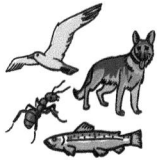

животные

Tiere

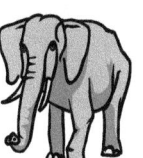

слон

Elefant

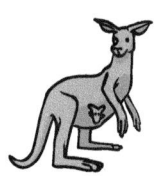

кенгуру

Känguru

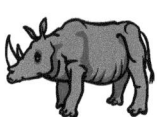

носорог

Nashorn

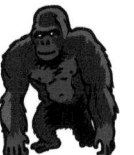

горилла

Gorilla

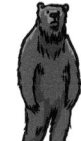

медведь

Bär

верблюд

Kamel

страус

Strauß

лев

Löwe

обезьяна

Affe

фламинго

Flamingo

попугай

Papagei

белый медведь

Eisbär

пингвин

Pinguin

акула

Hai

павлин

Pfau

змея

Schlange

крокодил

Krokodil

служитель зоопарка

Zoowärter

тюлень

Robbe

ягуар

Jaguar

пони

Pony

леопард

Leopard

бегемот

Nilpferd

жираф

Giraffe

орёл

Adler

кабан

Wildschwein

рыба

Fisch

черепаха

Schildkröte

морж

Walross

лиса

Fuchs

газель

Gazelle

американский футбол
American Football

езда на велосипеде
Radfahren

теннис
Tennis

баскетбол
Basketball

плавание
Schwimmen

бокс
Boxen

хоккей
Eishockey

футбол
Fußball

бадминтон
Badminton

лёгкая атлетика
Leichtathletik

гандбол
Handball

лыжный спорт
Skifahren

поло
Polo

# действия
# Aktivitäten

смеяться
lachen
прыгать
springen
обнимать
umarmen
идти
gehen
петь
singen
мечтать
träumen
молиться
beten
целовать
küssen

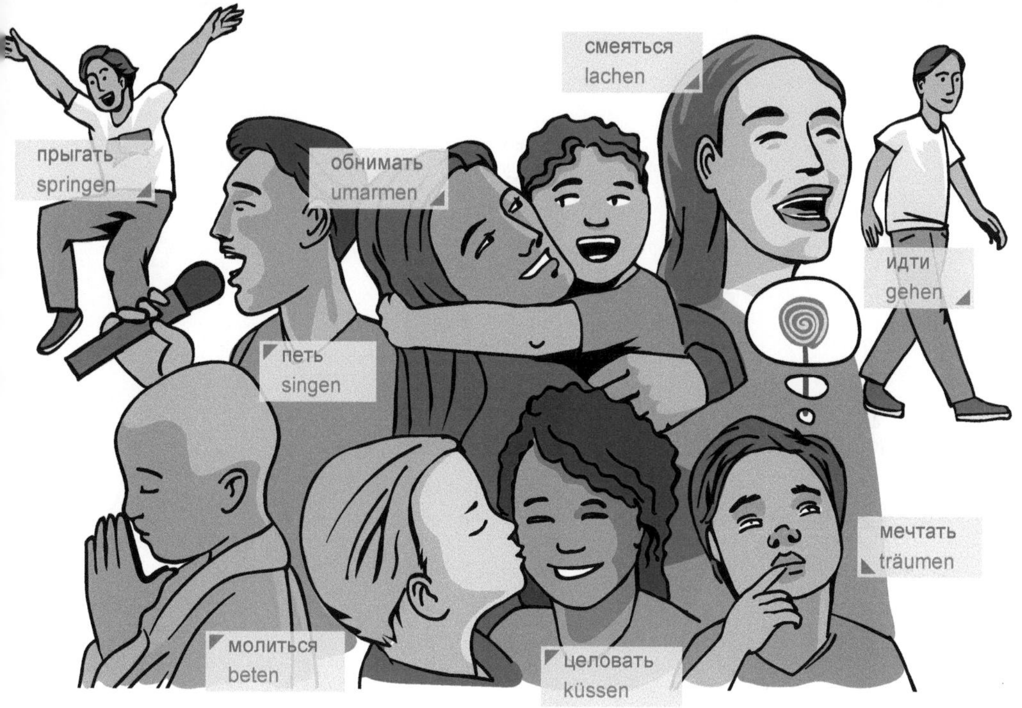

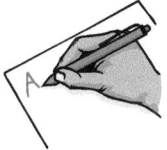

писать

schreiben

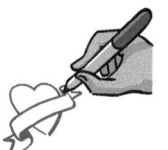

рисовать

zeichnen

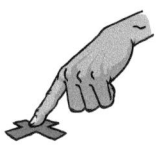

показывать

zeigen

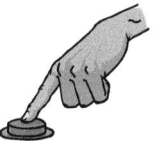

нажимать

drücken

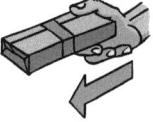

давать

geben

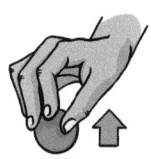

брать

nehmen

иметь

haben

делать

machen

быть

sein

стоять

stehen

бежать

laufen

тянуть

ziehen

бросать

werfen

падать

fallen

лежать

liegen

ждать

warten

носить

tragen

сидеть

sitzen

надевать

anziehen

спать

schlafen

просыпаться

aufwachen

**рассматривать**
ansehen

**плакать**
weinen

**гладить**
streicheln

**причесывать**
frisieren

**говорить**
reden

**понимать**
verstehen

**спрашивать**
fragen

**слушать**
hören

**пить**
trinken

**кушать**
essen

**наводить порядок**
zusammenräumen

**любить**
lieben

**готовить**
kochen

**ехать**
fahren

**летать**
fliegen

ходить под парусом

segeln

считать

rechnen

читать

lesen

учиться

lernen

работать

arbeiten

вступать в брак

heiraten

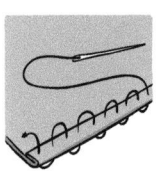

шить

nähen

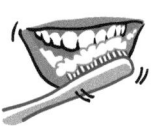

чистить зубы

Zähne putzen

убивать

töten

курить

rauchen

отправлять

senden

бабушка
Großmutter

дедушка
Großvater

папа
Vater

мама
Mutter

младенец
Baby

дочь
Tochter

сын
Sohn

гость

Gast

тетя

Tante

дядя

Onkel

брат

Bruder

сестра

Schwester

# тело
# Körper

лоб
Stirn
глаз
Auge
плечо
Schulter
палец
Finger
лицо
Gesicht
подбородок
Kinn
кисть
Hand
нога
Bein
грудь
Brust
рука
Arm

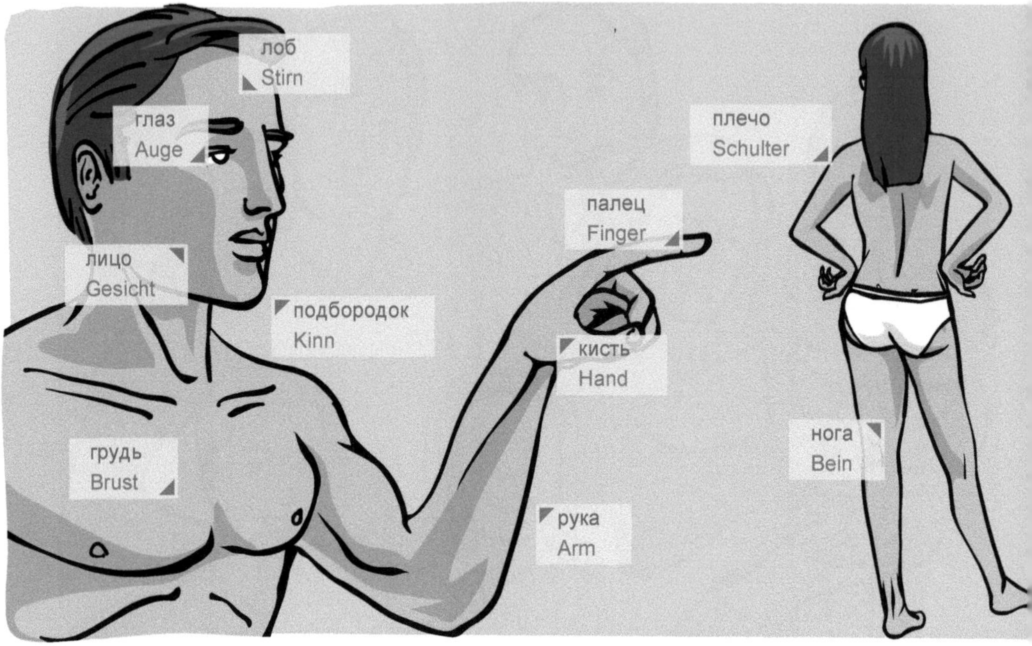

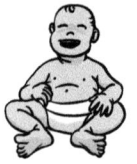

младенец

Baby

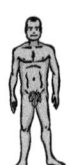

мужчина

Mann

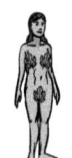

женщина

Frau

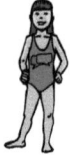

девочка

Mädchen

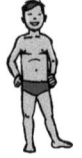

мальчик

Junge

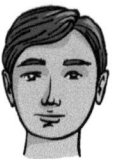

голова

Kopf

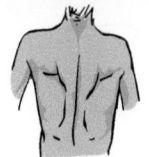

спина

Rücken

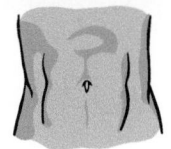

живот

Bauch

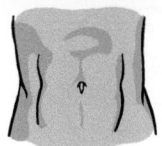

пупок

Nabel

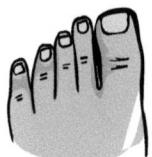

палец ноги

Zeh

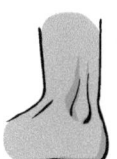

пятка

Ferse

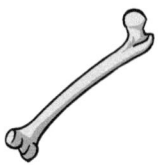

кость

Knochen

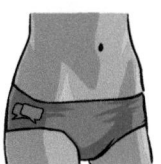

бедро

Hüfte

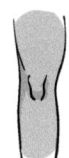

колено

Knie

локоть

Ellbogen

нос

Nase

ягодицы

Gesäß

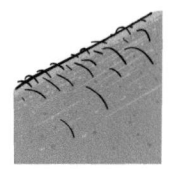

кожа

Haut

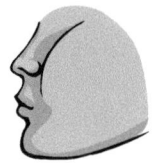

щека

Wange

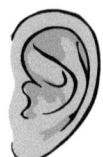

ухо

Ohr

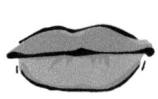

губа

Lippe

рот

Mund

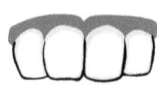

зуб

Zahn

язык

Zunge

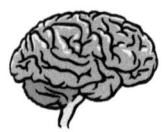

мозг

Gehirn

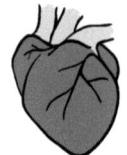

сердце

Herz

мышца

Muskel

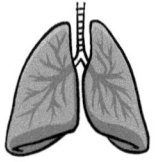

лёгкое

Lunge

печень

Leber

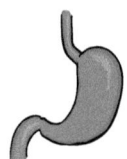

желудок

Magen

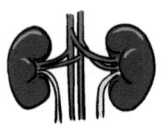

почки

Nieren

половой акт

Geschlechtsverkehr

презерватив

Kondom

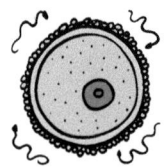

яйцеклетка

Eizelle

сперма

Sperma

беременность

Schwangerschaft

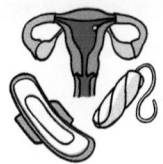

менструация

Menstruation

вагина

Vagina

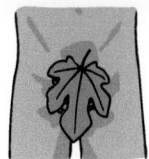

пенис

Penis

бровь

Augenbraue

волосы

Haar

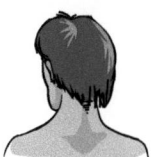

шея

Hals

# больница
# Spital

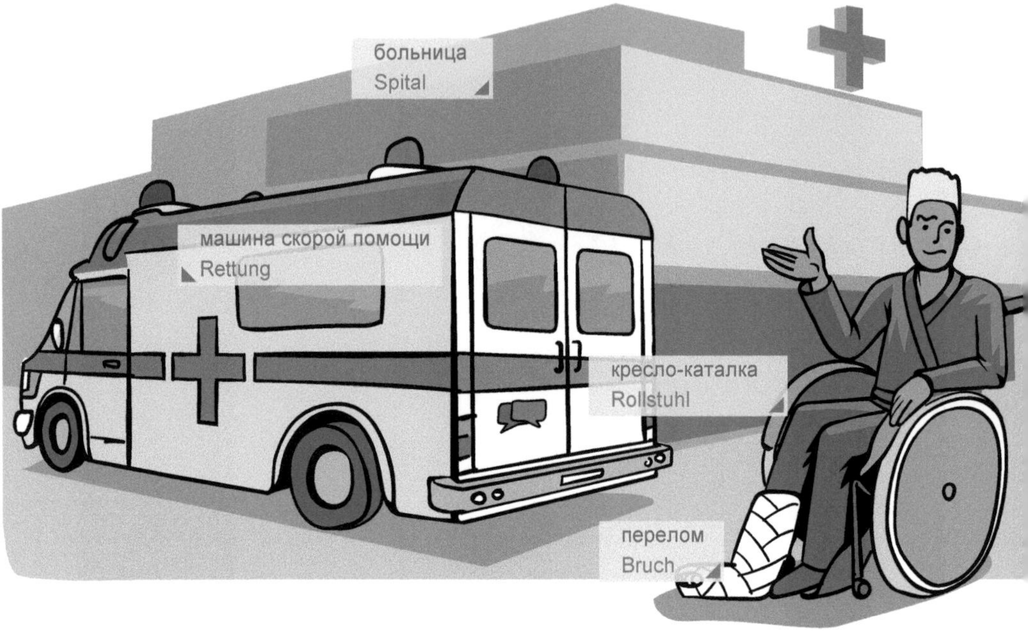

больница
Spital
машина скорой помощи
Rettung
кресло-каталка
Rollstuhl
перелом
Bruch

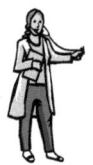

врач
Ärztin

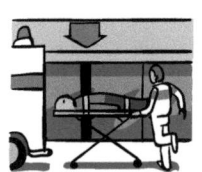

пункт первой помощи
Notaufnahme

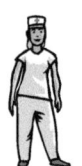

медсестра
Krankenschwester

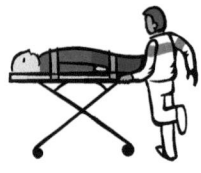

неотложный случай
Notfall

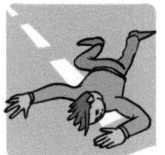

без сознания
ohnmächtig

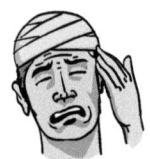

боль
Schmerz

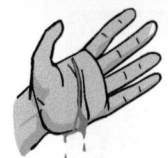

повреждение

Verletzung

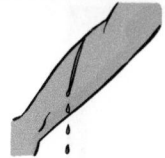

кровотечение

Blutung

инфаркт

Herzinfarkt

инсульт

Schlaganfall

аллергия

Allergie

кашель

Husten

повышенная температура

Fieber

грипп

Grippe

понос

Durchfall

головная боль

Kopfschmerzen

рак

Krebs

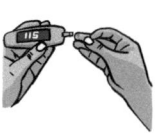

диабет

Diabetes

хирург

Chirurg

скальпель

Skalpell

операция

Operation

больница - Spital

КТ
CT

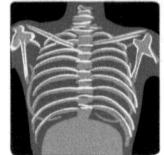

рентген
Röntgen

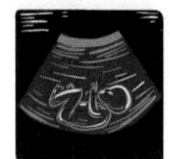

ультразвук
Ultraschall

маска
Maske

болезнь
Krankheit

приёмная
Wartezimmer

костыль
Krücke

пластырь
Pflaster

бинт
Verband

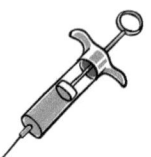

укол
Injektion

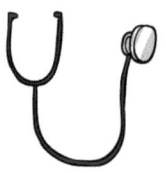

стетоскоп
Stethoskop

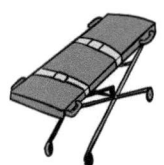

носилки
Trage

термометр
Thermometer

рождение
Geburt

избыточный вес
Übergewicht

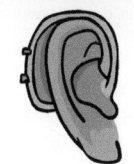

слуховой аппарат

Hörgerät

дезинфекционное средство

Desinfektionsmittel

инфекция

Infektion

вирус

Virus

ВИЧ / СПИД

HIV / AIDS

лекарство

Medizin

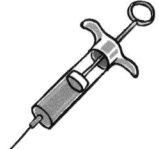

прививка

Impfung

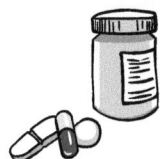

таблетки

Tabletten

противозачаточная таблетка

Pille

экстренный вызов

Notruf

прибор для измерения кровяного давления

Blutdruckmesser

больной / здоровый

krank / gesund

Помогите!

Hilfe!

сигнал тревоги

Alarm

нападение

Überfall

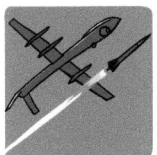

атака

Angriff

опасность

Gefahr

запасной выход

Notausgang

Пожар!

Feuer!

огнетушитель

Feuerlöscher

несчастный случай

Unfall

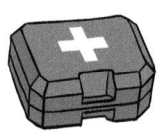

аптечка

Erste-Hilfe-Koffer

SOS

SOS

милиция

Polizei

Европа

Europa

Северная Америка

Nordamerika

Южная Америка

Südamerika

Африка

Afrika

Азия

Asien

Австралия

Australien

Атлантический океан

Atlantik

Тихий океан

Pazifik

Индийский океан

Indische Ozean

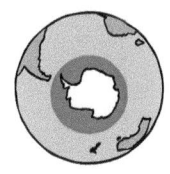

Антарктический океан

Antarktische Ozean

Северный Ледовитый океан

Arktische Ozean

Северный полюс

Nordpol

Южный полюс

Südpol

Антарктика

Antarktis

земля

Erde

суша

Land

море

Meer

остров

Insel

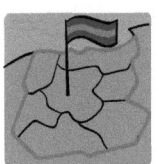

нация

Nation

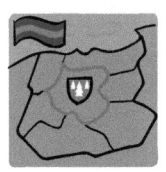

государство

Staat

циферблат

Ziffernblatt

часовая стрелка

Stundenzeiger

минутная стрелка

Minutenzeiger

секундная стрелка

Sekundenzeiger

Который час?

Wie spät ist es?

день

Tag

время

Zeit

сейчас

jetzt

электронные часы

Digitaluhr

минута

Minute

час

Stunde

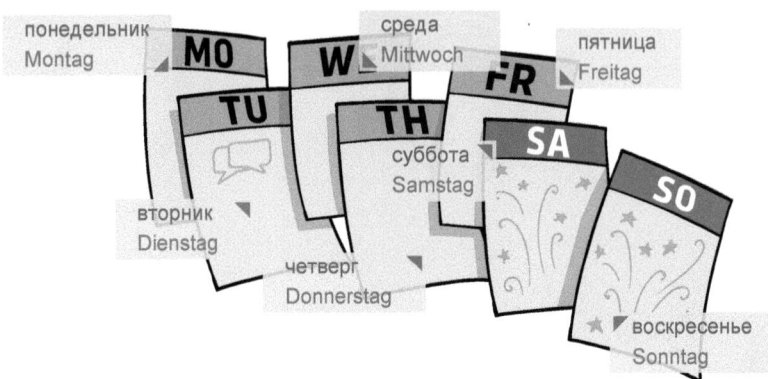

понедельник
Montag

вторник
Dienstag

среда
Mittwoch

четверг
Donnerstag

пятница
Freitag

суббота
Samstag

воскресенье
Sonntag

вчера

gestern

сегодня

heute

завтра

morgen

утро

Morgen

полдень

Mittag

вечер

Abend

рабочие дни

Arbeitstage

выходные

Wochenende

# год

# Jahr

дождь
Regen
радуга
Regenbogen
ветер
Wind
снег
Schnee
весна
Frühling
осень
Herbst
лето
Sommer
зима
Winter


4.APRIL 11°
5.APRIL 4°
6.APRIL 13°
7.APRIL 8°
8.APRIL 10°


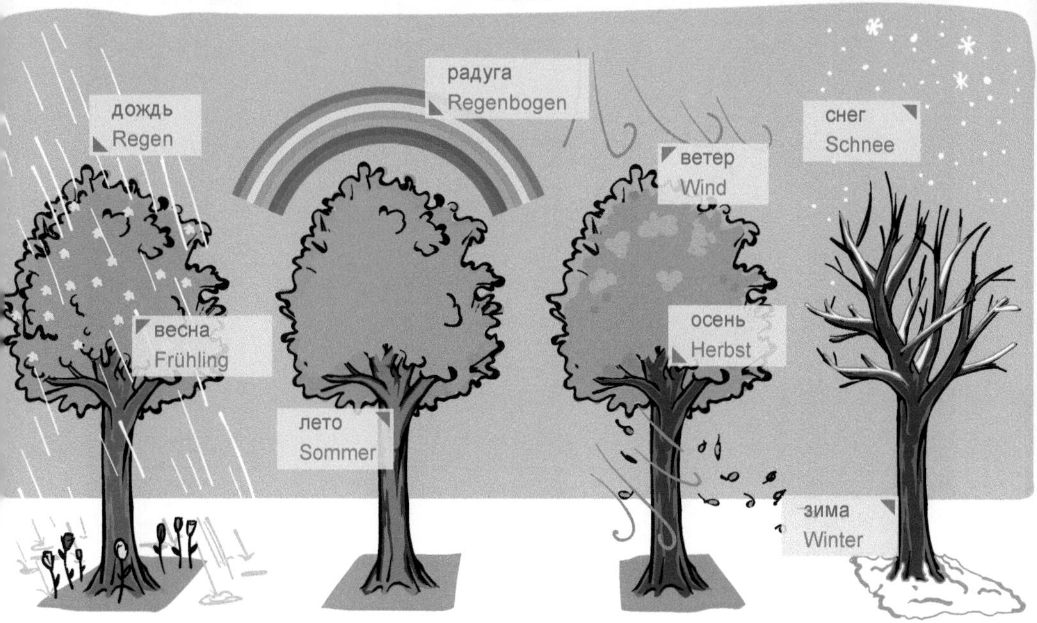

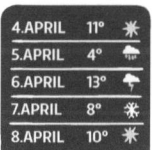

прогноз погоды

Wettervorhersage

F C
120 90 60 30 0 -30
40 30 20 10 0 -10 -20


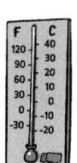

термометр

Thermometer

солнечный свет

Sonnenschein

туча

Wolke

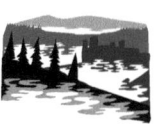

туман

Nebel

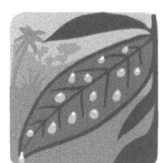

влажность воздуха

Luftfeuchtigkeit

молния

Blitz

гром

Donner

буря

Sturm

град

Hagel

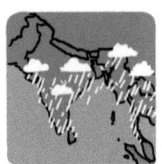

муссон

Monsun

наводнение

Flut

лёд

Eis

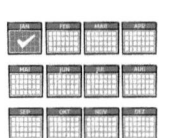

январь

Jänner

февраль

Februar

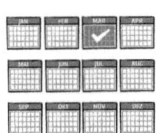

март

März

апрель

April

май

Mai

июнь

Juni

июль

Juli

август

August

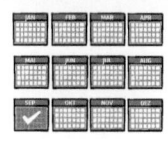

сентябрь

September

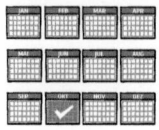

октябрь

Oktober

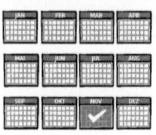

ноябрь

November

декабрь

Dezember

## формы
## Formen

круг

Kreis

квадрат

Quadrat

прямоугольник

Rechteck

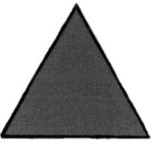

треугольник

Dreieck

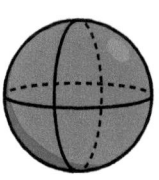

шар

Kugel

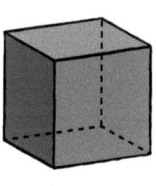

куб

Würfel

белый

weiß

желтый

gelb

оранжевый

orange

розовый

pink

красный

rot

лиловый

lila

синий

blau

зелёный

grün

коричневый

braun

серый

grau

черный

schwarz

много / мало

viel / wenig

яростный / мирный

wütend / friedlich

красивый / уродливый

hübsch / hässlich

начало / конец

Anfang / Ende

большой / маленький

groß / klein

светлый / темный

hell / dunkel

брат / сестра

Bruder / Schwester

чистый / грязный

sauber / schmutzig

полный / неполный

vollständig / unvollständig

день / ночь

Tag / Nacht

мёртвый / живой

tot / lebendig

широкий / узкий

breit / schmal

съедобный / несъедобный

genießbar / ungenießbar

злой / дружелюбный

böse / freundlich

взволнованный / скучающий

aufgeregt / gelangweilt

толстый / худой

dick / dünn

сначала / в конце

zuerst / zuletzt

друг / враг

Freund / Feind

полный / пустой

voll / leer

твёрдый / мягкий

hart / weich

тяжёлый / легкий

schwer / leicht

голод / жажда

Hunger / Durst

больной / здоровый

krank / gesund

незаконный / законный

illegal / legal

умный / глупый

gescheit / dumm

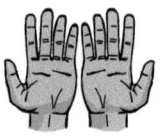

слева / справа

links / rechts

близко / далеко

nah / fern

новый / подержанный

neu / gebraucht

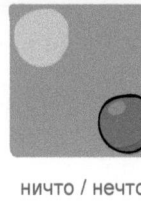

ничто / нечто

nichts / etwas

включено / выключено

an / aus

открыто / закрыто

offen / geschlossen

старый / молодой

alt / jung

тихо / громко

leise / laut

богатый / бедный

reich / arm

правильный /
неправильный
richtig / falsch

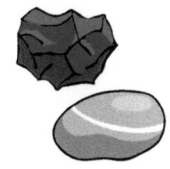

шероховатый / гладкий

rau / glatt

печальный / счастливый

traurig / glücklich

короткий / длинный

kurz / lang

медленный / быстрый

langsam / schnell

мокрый / сухой

nass / trocken

тёплый / прохладный

warm / kühl

война / мир

Krieg / Frieden

**0**

ноль

null

**1**

один

eins

**2**

два

zwei

**3**

три

drei

**4**

четыре

vier

**5**

пять

fünf

**6**

шесть

sechs

**7**

семь

sieben

**8**

восемь

acht

**9**

девять

neun

**10**

десять

zehn

**11**

одиннадцать

elf

## 12

двенадцать

zwölf

## 13

тринадцать

dreizehn

## 14

четырнадцать

vierzehn

## 15

пятнадцать

fünfzehn

## 16

шестнадцать

sechzehn

## 17

семнадцать

siebzehn

## 18

восемнадцать

achtzehn

## 19

девятнадцать

neunzehn

## 20

двадцать

zwanzig

## 100

сто

hundert

## 1.000

тысяча

tausend

## 1.000.000

миллион

Million

цифры - Zahlen

английский
...............
Englisch

американский английский
...............
Amerikanisches Englisch

мандаринский китайский
...............
Chinesisch (Mandarin)

хинди
...............
Hindi

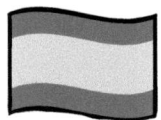

испанский
...............
Spanisch

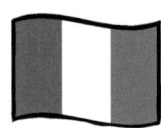

французский
...............
Französisch

арабский
...............
Arabisch

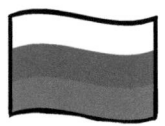

русский
...............
Russisch

португальский
...............
Portugiesisch

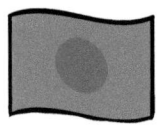

бенгальский
...............
Bengalisch

немецкий
...............
Deutsch

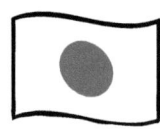

японский
...............
Japanisch

я
ich

ты
du

он / она / оно
er / sie / es

мы
wir

вы
ihr

они
sie

кто?
Wer?

что?
Was?

как?
Wie?

где?
Wo?

когда?
Wann?

имя
Name

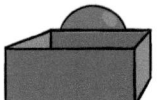

за

hinter

в

in

перед

vor

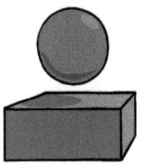

над

über

на

auf

под

unter

рядом

neben

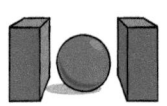

между

zwischen

место

Ort